Lm. 112.

CATALOGUE

DES

GENTILSHOMMES

DE PROVENCE ET DE LA PRINCIPAUTÉ D'ORANGE

QUI ONT PRIS PART OU ENVOYÉ LEUR PROCURATION AUX ASSEMBLÉES DE LA NOBLESSE
POUR L'ÉLECTION DES DÉPUTÉS AUX ÉTATS-GÉNÉRAUX DE 1789

Publié d'après les procès-verbaux officiels

PAR MM.

LOUIS DE LA ROQUE ET ÉDOUARD DE BARTHÉLEMY.

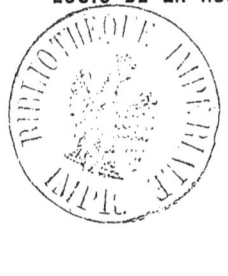

PARIS

AUG. AUBRY, LIBRAIRE | E. DENTU, LIBRAIRE
16, RUE DAUPHINE | AU PALAIS-ROYAL

1861

Tous droits réservés.

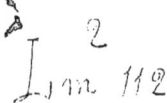

Paris, imp. de Dubuisson et Cᵉ, r. Coq-Héron, 5.

AVERTISSEMENT

La Provence, réunie à la couronne sous Louis XI par le testament de Charles III d'Anjou et du Maine, conserva jusqu'en 1789 sa constitution particulière. L'administration politique du pays resta confiée aux États composés des représentants de l'ordre du Clergé, de la Noblesse et du Tiers-État.

Les gentilshommes possédant fiefs, qui avaient seuls entrée dans ces assemblées (*), revendiquèrent en 1789, comme les barons des États de Languedoc, le droit de nommer directement les députés de leur ordre aux États-Généraux du royaume. Cette prétention ne fut pas plus admise en Provence qu'en Languedoc, et l'élection se fit par l'universalité des gentilshommes fieffés et non fieffés, malgré la protestation de quelques membres des États.

Nous publions la liste des gentilshommes qui participèrent aux seules assemblées reconnues légales pour l'élection des députés aux États-Généraux de 1789. Quelque soin que nous ayons pris de donner la meilleure orthographe des noms de terre et de famille, il est impossible qu'un pareil travail soit exempt d'erreurs. A celles qui sont inévitables dans toutes les publications

---

(*) Voir sur la **Noblesse des États de Provence** la liste des familles qui ont fait leurs preuves en 1787, publiée par M. le comte Godefroy de Montgrand. Marseille. 1860.
La Provence avait pour armes : d'azur à la fleur de lis d'or surmontée d'un lambel de gueules.

de ce genre, il faut ajouter, pour ce catalogue comme pour tous les autres, celles que peut contenir le procès-verbal manuscrit des Archives de l'Empire qui nous sert de guide.

Les erreurs ou omissions qui nous seront signalées, avec les preuves à l'appui, seront rectifiées dans un supplément qui complétera notre collection.

On trouvera, à la suite du catalogue des gentilshommes de Provence, celui de la principauté d'Orange.

Cette principauté formait autrefois une dépendance du royaume d'Arles. Elle passa, en 1544, par mariage dans l'illustre maison de Nassau, dont une branche occupe aujourd'hui le trône de Hollande.

L'héritier présomptif du royaume des Pays-Bas a conservé le titre de *Prince d'Orange* comme un glorieux souvenir de cette ancienne souveraineté, quoiqu'elle ait été réunie à la couronne depuis la fin du règne de Louis XIV, en 1702.

Paris, le 25 avril 1861.

CATALOGUE

DES

GENTILSHOMMES DE PROVENCE

ET DE LA PRINCIPAUTÉ D'ORANGE.

SÉNÉCHAUSSÉE D'AIX.

Procès-verbal de l'Assemblée des trois ordres du ressort de la sénéchaussée d'Aix, tenue par M. Audier, lieutenant général (*).

2 avril 1789.

(Archiv. imp., B. III, 2. p. 161, 198, 288-292.)

NOBLESSE.

Joseph-Christophe de Gastaud.
Charles-Louis de Barnoin, président trésorier de France.
Joseph-Henri de Barnoin, conseiller aux comptes.
Antonin-Charles Barnoin.
Joseph-Martial du Veyrier, chevalier de Saint-Louis.
Martian-François de Soliers, capitaine de cavalerie.
Ignace-Joseph-François de Soliers, conseiller aux comptes.
Honoré-Jacques-Bruno de Mouriers, conseiller aux comptes.
Jules-Denis d'Etienne du Bourguet.
Joseph-Esprit d'Autheman, avocat général aux comptes.
Claude-Jean-Baptiste de Duranti de la Calade, président aux comptes.
Joseph-Léon de Saint-Ferréol, ancien capitaine d'infanterie.
Barthélemy de Colla de Pradine, conseiller aux comptes, ancien intendant de Corse.

(*) Nous croyons devoir faire observer qu'un certain nombre de familles nobles ont pu ne pas figurer dans les assemblées de Provence et de la principauté d'Orange pour cause d'absence, de maladie ou d'abstention.

Pierre-François Dorcin, ancien capitaine d'infanterie au régiment d'Enghien, chevalier de Saint-Louis.
Jules de Meyronnet.
Louis-Joseph-Félix de Clapiers.
De Crose, ancien capitaine de vaisseau.
De Menc de Saint-Jérôme, conseiller aux comptes.
Joseph-Barthélemy de Menc, conseiller aux comptes.
Louis-André d'Ollivier.
Jean-Augustin-Laurent de Même (Menc).
Honoré-Gabriel-Henri de Miollis, conseiller honoraire aux comptes.
De Siméon.
Joseph-Jérôme-Simon-André de Pazery.
André-Alexandre d'Eymar de Nans.
Dauphin, Sgr de Trébillane.
De Tuffet, officier au corps royal du génie.
De Coye du Castellet.
Alexandre-Pierre-Joseph de Blacas, marquis d'Aulps.
Pierre-Gaspard Truphème.
Jaubert de Saint-Pons, conseiller aux comptes.
Baptiste-André-Cajetan de Bonnaud, officier au régt de Rouergue.
André de Bouchard d'Aubeterre, ancien capitaine de cavalerie.
Jean-Baptiste des Michel Martelly.
Henri-Renaud de Voland de Montheron d'Aubenas, Sgr de Saint-Jaume.
Joseph l'Ange de Saint-Suffren.
Jean-Joseph l'Ange de Saint-Suffren, lieutenant général criminel en la sénéchaussée d'Aix.
Honoré-Maurice-Polinète l'Ange de Saint-Suffren, officier au régiment de Soissonnais.
Pierre-Paul d'Aillaud, ancien conseiller du roi, greffier en chef des comptes.
Charles-Mitre de Garçonnet, ancien officier d'infanterie au régiment de Latour-d'Auvergne.
Louis-Surléon de Gautier, conseiller aux comptes.
Charles-Louis-François de Rians.
Jacques-Valentin-Bruno de Boutassy, marquis de Chateaulart, Sgr de Fuveau.
Joseph-Daniel de Ferry-la-Combe, Sgr de Rousset.
Honoré-Gabriel de Riquetti, comte de Mirabeau.
Antoine-Balthazar-Joseph d'André de Bellevue, conseiller au Parlement.
Georges de Roux, doyen des chevaliers de l'ordre du roi, Sgr marquis de Brue et du Pavillon.
Joseph-Paul-Augustin Martiny de Saint-Jean, Sgr de Bregançon et Inouville.
Guillaume-François de Garonnet (Garçonnet?).
Ignace-Auguste d'Autheman.
Balthazar de Clapiers.
Jean-Baptiste Gauthier de Sigaud, capitaine des vaisseaux du roi, chevalier de Saint-Louis.
Gabriel-Honoré de Miollis de Verdollin.

Jean-Baptiste-François de Barras.
Jean-Baptiste-Maximin Le Gros.
André-Raimond de Guiramand, chevalier de Saint-Louis.
Ignace-Pierre-Auguste d'Adaoust.
Henri-Jacques des Michel de Champorçin, ancien officier de dragons, chevalier de Saint-Louis.
Jean-Robert Tronchin.
Guillaume de Michaellis.
Joseph Lange de Saint-Suffren, président, doyen d'âge.

SÉNÉCHAUSSÉE D'ARLES.

Procès-verbal de l'Assemblée générale des trois ordres de la sénéchaussée d'Arles.

30 mars 1789.

(*Archiv. imp.*, B. III, 10, p. 380.)

NOBLESSE.

Jean-Mathieu Artaud, conseiller du roi, lieutenant général de la sénéchaussée, président.

A l'ouverture de la séance, MM. Forrière, Sabran, Gassier, syndics des possesseurs de fiefs, en Provence, protestent contre l'élection des membres de la Noblesse par sénéchaussées. Les possesseurs de fiefs ont élu 8 députés dans les vigueries (*) pour les représenter aux États-Généraux, et protestent contre toute autre élection faite par des gentilshommes non possédant fief ou possédant des biens de roture. (*Décision prise dans une réunion du 12 mars 1789, et signifiée au procureur du roi de la sénéchaussée par François Giraudon, huissier.*)

MM. de Léautaud, pour la noblesse d'Arles;
de Bertrand, pour le clergé;
de La Roque, chanoine de Grignan, pour le clergé des terres adjacentes,
Ont protesté contre la prétention des possesseurs de fiefs.

(*) Ces huit députés étaient : le duc de Bourbon, le marquis de Sabran, le président d'Arlatan de Lauris, le marquis de Forbin-Janson, le président d'Arbaud de Jouques. le comte de Sade, le marquis de Grimaldi, et le président de Mazenod. (*Études sur la fin de la Constitution provençale*, par M. Ch. de Ribbe 1854, p. 176.)

ASSEMBLÉE DU 16 AVRIL 1789.

Élection des députés.

L'Assemblée s'est trouvée réduite, par la retraite ou l'absence du grand nombre des membres de l'ordre qui avaient comparu précédemment, aux personnes qui suivent :

De Vinsargues.
De Cadillan.
D'Arquier.
De Gras de Preigne.
De Provensal de Fontchateau.
De Marin.
De Privat Fontanille.
De Coye-Vaumale.
De Brunellis.
Chastel.

De Courman (Cournau).
De Saint-Roman.
De Chabert.
De Marin, garde du roi.
De Raousset.
De Barrême, cadet.
Chevalier de Chabert.
Le marquis de Guilhem Clermont-Lodève.
De Fogasse.

Commission des 36 électeurs pris dans l'ordre de la Noblesse et du Tiers-Etat pour la rédaction du cahier des doléances.

6 mai 1789.

Joseph-Denis, marquis de Barras, chevalier, seigneur de Fos, président.

De Léautaud aîné.
De Ledenon.
D'Arquier.
Le chevalier de Léautaud.
De la Tour.
De Perrin.
De Grillo.
De Guilhem.
De Lincel.
De Chiavary, fils.
De Cayx.
Loys.
Aymard père.
Tassin.
Eymini.
Laurens.
Vigne.
Bontemps.

Clarion.
Boulouvard.
Compan.
Lions aîné
Volpelière.
Coillet.
Teraud, oncle.
Bonasse.
Estrangin.
Fourtier.
Daumas.
Jacquemin.
Beuf.
Bertrand.
Maurin.
Brunet.
Gallontaire.

SÉNÉCHAUSSÉE DE DIGNE.

Procès-verbal de l'Assemblée générale des trois ordres de la sénéchaussée de Digne.

1er avril 1789.

(Archiv. imp., B. III, 66. p. 477, 497.)

NOBLESSE.

Jean-André Belletrux, Sgr de Feissal, conseiller du roi, lieutenant général civil et criminel en la sénéchaussée de Digne.
Louis-Antoine de Laugier-Villars, chevalier, Sgr d'Ausset et Châteauredon.
Augustin de Magnan, chev. de Saint-Louis, capit. d'inf., domicilié aux Mées.
Durand Martin de la Serre, chev. de Saint-Louis, capitaine des grenadiers royaux du Quercy.
Dame Louise Thoron, dame d'Antrages.
Joseph d'Amondin du Chaffault, ancien capitaine d'artillerie.

SISTERON ET BARCELONNETTE.

Procès-verbal de l'Assemblée générale des trois ordres de la sénéchaussée de Sisteron.

1er avril 1789.

(Archiv. imp. B. III, 66. p. 780-793, 841, 843.)

NOBLESSE.

Charles-François de Burle, chevalier, lieut. général en ladite sénéchaussée.
De Burle d'Aujarde, ancien viguier de Sisteron.
De Bernard, Sgr de Feyssal.
De Bernard, officier d'infanterie.
D'Ormezan, Cosgr de Vaumeil.
Pierre de Bernard, Cosgr de Feissal.
Honoré de Richaud de Servoules, officier d'infanterie.

Jean-Joseph-Laurent de Gombert, fils.
Pierre-Jean-Honoré de Bérard de Saint-Denis, capitaine d'infanterie.
Sabattier de Cabre, conseiller d'État, Sgr de Châteauneuf-Val-Saint-Donnat.
Jean-Joseph de Castagny, ancien cap. d'inf., chevalier de Saint-Louis.
Tournadre, chevalier de Saint-Louis.
Tournu, Sgr de Ventavon.
De Burle, lieutenant général.
Jacques de Lombard, Sgr de Château-Arnould.
De Lolivier de Bonne, Sgr de Nibles.
Casimir de Lolivier de Bonne, lieut. de vaisseau.
Brun, Sgr d'Aubignosc.
De Gombert, fils.
François de l'Olivier de Bonne, lieut. de vaisseau.
Pélissier, Sgr d'Esparon-la-Bastie.
Charles de Boniface de Fontbleton, ou de Fontette, officier de cavalerie.
Le chevalier de Servan.

Capizuchi de Bologne, gentilhomme du lieu de la Lauze, sénéchaussée de Barcelonnette.

SÉNÉCHAUSSÉE DE DRAGUIGNAN.

Procès-verbal de l'Assemblée générale des trois ordres de la sénéchaussée de Draguignan.

27 mars 1789.

(*Archiv. imp.*, D. III, 63. p. 66, 77-81.)

NOBLESSE.

Jacques-Athanase Lombard de Taradeau, conseiller du roi, lieutenant général en la sénéchaussée.
Honoré-François de Perrache, chevalier, Sgr d'Ampus, maréchal de camp, chevalier de Saint-Louis.
François-Xavier de Ravel, Sgr d'Esclapon, ancien lieutenant-colonel de dragons, chevalier de Saint-Louis.
Antoine-Joseph Perrot du Bourguet, ancien capitaine des vaisseaux du roi, chevalier de Saint-Louis.
André de Raimondis.
Jacques-François-Melchior de Sassy.
Antoine de Brun de Favas, capitaine des vaisseaux du roi, chevalier de Saint-Louis.
Etienne de Blanc, Sgr des Salettes.

Antoine de Raimondis-Canaux.
François-Madelon-Melchior de Raimondis-Canaux, capitaine de vaisseau, chevalier de Saint-Louis.
De Jouffray.
Etienne-Dominique de Raimondis, ancien capitaine d'infanterie, chevalier de Saint-Louis.
Antoine de Giraud d'Agai, ancien capitaine de vaisseau, chevalier de Saint-Louis.
François de Giraud d'Agay, ancien capitaine de vaisseau, brigadier des armées du roi, chevalier de Saint-Louis.
François-Charles d'Héraud, ancien lieutenant des vaisseaux du roi, chevalier de Saint-Louis.
Claire Maurel, veuve de Louis Reboul de Taradeau, président, trésorier général de France.
Jules-Martin de Pontevès-Bargence.
Alexandre-Gaspard-Balthazar de Villeneuve, du premier marquis de France, Sgr de Flayosc, Valbourget, Salongem, etc.
François d'Audibert-Caille du Bourguet, ancien garde du corps du roi, capitaine de cavalerie, chevalier de Saint-Louis.
Honoré-Antoine-Marie de Court, Sgr d'Esclapon.
Pierre-Emmanuel Rey du Pouget de Taradeau.
Jacques-Aurèle Verrion-Desclans, commissaire des guerres.
Jacques-Paul-Sextius-Joseph de Perrin, Sgr de la Garde.
François-Antoine-Balthazar de Villeneuve de Flayosc, ancien lieutenant des vaisseaux du roi.
Henri-Auguste de Colomb de Seillans, chef d'escadre des armées navales, chevalier de Saint-Louis.
Louis-Henri de Villeneuve, des comtes de Barcelone, marquis de Trans, premier marquis de France, comte de Tourels, etc., Sgr de Pibresson, colonel d'infanterie, chevalier de Saint-Louis.
Pierre d'Hert, ancien capitaine commandant au régiment de la reine, chevalier de Saint-Louis.
Louis-Jean-Baptiste, comte de Le Clerc de Lassigny, chevalier.
Christophe de Villeneuve, chevalier, Sgr de Bargemont, Vaneclause, Saint-Aubans et Castillon, chevalier de Saint-Louis.
Elzéar-Joseph-Alexandre de Beaudrier, Sgr de Chateaudouble, Rebouilon et la Valette.
Raphelis de Broves.
De Brun de Sarras.
Chieusse de Combaud.

Election des vingt députés pour assister à l'Assemblée des trois sénéchaussées et faire l'élection des députés aux Etats-Généraux.

7 avril 1789.

Le chevalier d'Ampus, maréchal de camp.
Le baron de Villeneuve Vaneclause de Bargemont.
D'Agay, ancien capitaine de vaisseau.

Du Bourguet-Perrot, ancien capitaine de vaisseau.
De Raimondis, ancien capitaine de vaisseau.
De Seillans, ancien chef d'escadre.
De Giraud d'Agay, ancien capitaine de vaisseau.
D'Héraud, ancien lieutenant de vaisseau.
De Brun de Sarras, ancien capitaine de vaisseau.
Le comte de Le Clerc de Lassigny.
D'Ampus, Sgr d'Ampus.
Le marquis de Trans.
Honoré-Antoine-Marie de Court d'Esclapon, chevalier, Sgr en partie de Seranon.
Marie-Joseph-Jean-Baptiste de Riousse.
Jean-Charles de Riousse.
Jean-Baptiste de Riousse.
François Daillaud, Sgr de Merville.
Jean-Baptiste-François-Hilarion-Joseph de Meillan, ancien lieutenant de vaisseau, chevalier de Saint-Louis.
Jean-Charles-François d'Autanne, Sgr d'Allons et de Saunes.
Pierre de Meillan, Sgr de Mories, chef d'escadre.

SÉNÉCHAUSSÉE DE FORCALQUIER.

Procès-verbal de l'Assemblée des trois ordres de la sénéchaussée de Forcalquier.

1er avril 1789.

(Archiv. imp. B. III, 66. p. 40, 57.)

NOBLESSE.

François Berraud, chevalier, conseiller du roi, lieutenant général en la sénéchaussée de Forcalquier.
Louis-Joseph-François d'Eymar du Bignosc, écuyer.
Jean-Baptiste-François de Boyery de Bermond, écuyer, Sgr en partie de Vachères et de Sainte-Croix, ancien officier au régiment d'Enghien.
Joseph-Honoré Dauduifert (d'Audiffret), chevalier, ancien garde du corps du roi.
Jean-Baptiste-Bruno-Martin de la Broussière, chevalier, capitaine de cavalerie, ancien brigadier des gardes du corps.
Gabriel-Louis de Neufville de Villeroi, pair de France, chevalier des ordres du roi, lieutenant général des armées, capitaine de la première et la plus ancienne compagnie française des gardes du corps de Sa Majesté, gouverneur et lieutenant général pour le roi de la ville de Lyon et des provinces de Lyonnais, Forez, Beaujolais, comte de Joigny et, en cette dernière qualité, premier et plus ancien pair de Champagne, comte de Sault, en Provence.

Jean-Philippe-Dominique de Savornin, chevalier, Sgr de Saint-Jean et de Saint-Savornin du Mardane, chevalier de Saint-Louis, ancien capitaine de cavalerie.
Jacques-Paul de Gassaud, de Manosque, chevalier, Sgr de Beaulieu.
André de Gassaud, son frère.
Laurent-Marie de Gassaud, son fils.
Claude-Antoine-Gabriel Dubois Saint-Vincent, chevalier, ancien major d'infanterie, chevalier de Saint-Louis.
Jacques-Philippe de Fauque de Jonquières, écuyer.
François-Paul Deferre de Lugueton, chevalier.
Jean-Paul-Abdon de Tende, chevalier, sieur d'Ardenne.
Louis-Paul de Brancas, des comtes de Forcalquier, duc de Céreste-Brancas, prince de Nirane, Sgr de Robiou, etc., grand d'Espagne de la première classe, lieutenant général des armées du roi, lieutenant général pour le roi au gouvernement de Provence, gouverneur des ville et château de Nantes.
Joseph-Antoine de Sautairon, écuyer.
François-Charles de Tamisier.
Jean-Baptiste de Pochet, écuyer.
Joseph-Charles de Ferre de Chenevilles, chevalier.
Dominique-Jacques-Christophe Bernardy de Sigoyer, chevalier, capit. au régt de Foix, chevalier de Saint-Louis.

Assemblée du 15 avril 1789

Le marquis de Castellane-Majastre, chef d'escadre, chevalier de Saint-Louis et de l'ordre de Cincinnatus.
Le chevalier de Villeneuve, chevalier de Saint-Louis.
De Fabri de Mazan, chevalier de Saint-Louis.
Louis-Antoine, des comtes de Laugier, Sgr de Châteauredon et d'Auzet.
Joseph Dauvin Duport de Mablan, ci-devant officier de marine.
Augustin de Magnan, chevalier de Saint-Louis.
Durand-Martin de la Serre, chevalier de Saint-Louis.
Joseph-Gaspard de Chassand, ci-devant capitaine d'artillerie.
Joseph-Gabriel-Pancrace de Salve de Villedieu, de la ville de Vallensole.
Jacques de Lombard, Sgr de Château-Arnould.
Jean-Étienne-Marie l'Olivier de Bonne.
François-Charles de Burle, lieutenant général de la sénéchaussée de Sisteron.
Jean-Joseph de Castagny, capit. d'inf., chev. de Saint-Louis.
Joseph-Honoré de Ricaud de Servoules, off. d'infanterie.
Pierre-Jean-Honoré de Bérard de Saint-Denis, capit. d'infanterie.
Jean-André de Belletrux, Sgr de Feissac, lieutenant général en la sénéchaussée de Digne.
D'Eymar.
De Bermond.
De Tende.

De la Broussière.
D'Audiffret.
De Gassaud, Sgr de Beaulieu.
De Savournin-Saint-Jean.
Dubois de Saint-Vincent.
Le marquis de Castellane.

SÉNÉCHAUSSÉE DE GRASSE.

De Lyle-Taulane, chevalier, Sgr en partie de Séranon, chef d'escadre, chevalier de Saint-Louis.
De Court d'Esclapon, Sgr en partie de Séranon.
Jean-Baptiste de Riouffe.
Marie-Joseph-Jean-Baptiste de Riouffe.
Jean-Charles-Marie-Marguerite de Riouffe.

SÉNÉCHAUSSÉE DE CASTELLANE.

Raymond de Glandevès, Sgr et baron de Glandevès et de Vergons.
De Sabran, Sgr marquis de Montblanc, etc.
Antoine-Secret de Raymond d'Eaux, chevalier, Sgr marquis dudit lieu, etc.
Pierre de Cheylan, Sgr de Mories.
François-Boniface de Fortis, chevalier, Sgr de Soleillas, conseiller au parlement.
Jean-Baptiste de Cheylan, Sgr en partie de Mories.
De Requiston, Sgr en partie d'Allons.
Charles d'Autane, Sgr d'Allons.
De Villeneuve, Sgr de Vaneclause et de Châtillon.
Alexandre de Richely, Sgr en partie d'Allons.
De Mandols, Sgr dudit lieu.
D'Aiguine, co-Sgr de Serres.
Dame d'Isnard, marquise de La Mattre.
La marquise de Castellane, dame de Peyroules et de Puyrées.
La dame de Remurel, dame de la Bastide d'Esclapon.
Balthazar de Niel, Sgr de Brenon.
D'Arbaud, Sgr de Châteauvieux.
La dame de Pradine de Saint-Père, dame en partie du Bourguet.
D'Etienne, Sgr en partie dudit lieu du Bourguet.
Calvy, baron de Vignoles, Sgr en partie dudit lieu, de Saint-André et de Trouine.
De Lyle de Taulane, Sgr en partie du Bourguet.
Geoffroy, Sgr en partie du Bourguet.

Le duc de Bourbon, Sgr de Châteauneuf, Tressemane, co-Sgr de Chasteuil.
Gaspard de Latil, co-Sgr de Chasteuil.
La dame de Villeneuve.
La dame de Verragon.
Madame de Cabris, dame dudit lieu.
Albert de Théas, Sgr d'Angles.
De La Mure, Sgr du lieu et d'Argens.
Jean-Baptiste-Alexandre Durand, Sgr de Brayve, co-Sgr de Sausses.
Daillaud, Sgr de Mequille.
De Rasque, Sgr de Salles Griffons, de Saint-Pierre et de La Rochette.
De Villeneuve, Sgr de Collongue et de Mujoulx.
De Gueydan, Sgr dudit lieu Daurent et du Fugeret.
De Villeneuve Monans, co-Sgr de Sausses.
De Durant de la Peine, Sgr de Saint-Benoît et du Fugeret.
Pierre de Montblanc, co-Sgr de Sausses.
De Bailliat, Sgr de Peyrue.
De Costemaure, Sgr en partie Du Pail.
Antoine de Pregnes, Sgr en partie dudit lieu.

SÉNÉCHAUSSÉE DE MARSEILLE.

Procès-verbal de l'Assemblée des trois ordres de la sénéchaussée de Marseille.

2 avril 1789.

(Archiv. imp. B. III, 82. p. 253, 285-90.)

NOBLESSE.

Gaspard-Anne, marquis de Forbin-Gardanne, chevalier, lieutenant des vaisseaux du roi, chevalier non profès de l'ordre de Saint-Jean de Jérusalem et de Saint-Louis, grand sénéchal d'épée de la ville et sénéchaussée de Marseille.
D'Achy, écuyer.
D'Antoine, écuyer.
Aillaud de Caseneuve, écuyer.
D'Anfossy, chevalier, commandant.
D'Armand de Garunière, chevalier.
D'Armand de Garunière, neveu, chevalier.
D'Audiffret, chevalier.
De Barrigue de Fontainieu, chevalier.
Bayon de Libertat, écuyer.
De Bouquier, chevalier.
De Boisson, chevalier major du fort Saint-Jean.

De Bompard, chevalier, chef d'escadre.
De Borely, fils de Nicolas, écuyer.
De Borely, fils de Louis, écuyer.
De Borely, frères, écuyers.
De Bourguignon, écuyer.
De Bérenger de la Beaume, chevalier.
De Candole, chevalier.
De Cambray, chevalier, officier des vaisseaux du roi.
De Cambray, officier du régiment de la reine.
De Ferry, écuyer.
Du Ferre du Chaux, écuyer.
De Fabron, fils, chevalier.
De Gerin, aîné, lieutenant du roi à Sisteron.
De Campon, fils, écuyer.
De Cipières, chevalier, ancien maire.
De Cipières, chevalier.
De Catelin, écuyer.
De Cambis, père, écuyer.
De Cambis, fils aîné, officier des vaisseaux du roi.
De Cambis, officier de Boulonnais.
De Chomel, lieutenant général criminel.
De Car, écuyer.
De Crotes, écuyer officier.
De Lisle-Montel, chevalier.
Des Michel, écuyer.
Dieudé, chevalier.
Dumon, fils aîné, écuyer.
Duroure, lieutenant particulier et premier conseiller.
Dauphin de Trébillanne, écuyer.
D'Hilaire de Chanver, ancien capitaine de cavalerie.
D'Olivier du Puget, chevalier.
De Fabron de Chandelles, écuyer.
De Faudoas, chevalier.
Le vicomte de Flotte, chevalier.
De Ferre-Lagrange, écuyer, officier des vaisseaux.
De Ferre-Lagrange, écuyer.
De Magy, écuyer.
De Nas de Tourrès, chevalier.
De Paul, lieutenant général civil.
De Girard du Demaine, écuyer.
De Girard du Demaine, chevalier, commissaire des guerres.
De Girard du Demaine, frère, écuyer.
De Girard du Demaine, frère, écuyer.
De Girard du Demaine (Augustin), écuyer.
De Gardane, écuyer.
De Gay de Taradel, aîné, écuyer.
De Gérard, chevalier de Saint-Louis.
De Gauthier, écuyer.
De Gotho, chevalier.
De Gervais, écuyer.

De Gantel-Guitton, Sgr de Mazargues.
De Gantel-Guitton de Mazargues, fils.
D'Hermitte, fils aîné, écuyer.
De la Porterie-Laguarrigue, écuyer.
De la Porterie Saint-Conas, écuyer.
De la Laurière, chevalier.
Le Maître de Beaumont, écuyer.
De la Rouvière, chevalier.
De Marin, aîné, chevalier, ancien maire de cette ill .
De Marin de Caranrais, chevalier.
De Montolieu, chevalier.
De Montgrand, chevalier.
De Payan, écuyer.
De Pellissier de Pierrefeu, écuyer.
Le marquis de Pontevès.
Le comte de Pontevès, maréchal de camp.
De Philip, aîné, écuyer.
De Raymond, écuyer.
De Rey, l'aîné, chevalier.
De Rey, frère, chevalier.
De Rey-Forestat, chevalier.
Reynaud de Trest, écuyer.
De Rians, chevalier.
De Rolland, écuyer.
De Rolland de Sillane, écuyer.
De Roux, écuyer.
De Rostan, père, écuyer.
De Rostan, fils aîné, écuyer.
De Rostan, fils cadet, officier.
De Surians de Bros, écuyer.
De Saint-Jacques d'Argens, chevalier.
De Sinety, chevalier.
De Villeneuve de Gasquet, chevalier.
De Venture, chevalier.
De Venture, frère, chevalier.
De Virgile, écuyer.
De Villeneuve de Trans, chevalier.

SÉNÉCHAUSSÉE DE TOULON.

Protestation et déclaration des nobles non possédant fiefs de la ville de Toulon.

(*Archiv. imp. B. III*, 146. p. 41.)

Les soussignés composant l'ordre de la Noblesse de Toulon, assemblés sous l'autorisation de messire Claude-Laurent de Burgues de Missiessy,

sénéchal d'épée en la sénéchaussée de cette ville, ayant pris une lecture réfléchie d'un imprimé portant pour titre : *Protestation et déclaration des nobles non possédant fiefs* de la ville d'Aix, par eux signée et par Messieurs les commissaires des nobles non possédant fiefs des villes d'Aix, d'Hyères, de Draguignan, de Riez, d'Apt, de Pertuis, de Valensolles, etc., déposée le 6 février, chez M° Brémond, notaire, contrôlée le 7 : ladite protestation et déclaration intervenue sur la connaissance que lesdits nobles non possédant fiefs ont eu d'un imprimé portant pour titre :

Protestation et déclaration de la Noblesse de Provence dans son Assemblée générale, commencée le 20 janvier 1789,

Déclarent adhérer en tout le contenu à la protestation et déclaration desdits nobles non possédant fiefs des villes d'Aix et autres ci-dessus dénommées, comme contenant les vrais sentiments des soussignés nobles non possédant fiefs de la ville de Toulon.

Ils prient MM. les commissaires de vouloir bien rendre publique leur présente déclaration, et même de la faire signifier, s'ils le jugent à propos, à MM. les possédant fiefs qui prétendent représenter seuls l'ordre de la Noblesse de Provence.

Fait à Toulon, le 15 février 1789, et ont signé :

Missiessy, sénéchal.
Destoult-Milet de Mureau, capitaine au corps royal du génie.
Le comte de la Porte, ancien capitaine des vaisseaux du roi.
D'Antrechaux, ancien officier de la marine.
Gineste, brigadier, ancien capitaine de vaisseau.
Le baron de Cholet.
Beaurepaire.
Possel.
Ruyter.
La Poype-Vertrieux.
Daniel.
Coutyer de Pomiès, ancien capitaine d'infanterie.
D'Orsin, capitaine de vaisseau.
Simony de Broutières.
Le comte de Beauquaire, ancien capitaine de vaisseau.
De Beaussier-Châteauvert de Montauban, ancien capitaine de vaisseau.
Le comte de Drée.
Champmartin, ancien capitaine de vaisseau du roi.
Venel.
Le vicomte de Roys, colonel, chef de brigade au corps royal du génie.
Martinenq, ancien capitaine de vaisseau.
Le vicomte de Grasse, lieutenant de vaisseau.

Procès-verbal de l'Assemblée de la Noblesse de la sénéchaussée de Toulon.

31 mars 1789.

Claude-Laurent de Burgues de Missiessy, ancien capitaine des vaisseaux du roi, brigadier des armées navales, sénéchal d'épée de Toulon.
La Poype-Vertrieux.
Vialis.
Possel.
Milet de Mureau.
Le vicomte des Rois.
Robineau de Villemont.
Coriolis.
Daniel.
La Canorgue.
Ferry du Clapier.
Gineste.
Martinessy (Martinenq).
De Cuers.
Le chevalier de Cogolin.
De Selle du Réal (Sgr de la Castille).
Le chevalier Surléon de Tressemanne-Chasteuil.
Burgues-Missiessy.
Rochemore.
Le comte de la Porte-Isserteaux.
Le chevalier de Vialis.
D'Antrechaux.
Isnard de Cancelade.
Boullement de la Chenaye.
Simony de Broutières.
De Burgues de Missiessy, sénéchal.

6 avril 1789.

David de Beauregard.
Bellon Sainte-Marguerite.
Dumier.
Monnier-Châteauvieux.
De Paul de Gantès aîné.
Grisolles.
Le chevalier de Sainte-Marguerite.

Ont été nommés électeurs :

Louis-Armand, marquis de la Poype-Vertrieux, chef d'escadre des armées navales.

Michel-Joseph de Vialis, maréchal des camps et armées du roi, directeur des fortifications du Dauphiné et de la Provence.
César, marquis de Coriolis, ancien capitaine des vaisseaux du roi et brigadier des armées navales.
Etienne-François-Joseph, vicomte des Rois, colonel, chef de brigade au corps royal du génie.
Louis-Marie-Antoine Destouff-Milet de Mureau, capitaine au corps royal du génie.
Jean-Paul-Hyacinthe Possel, commissaire général des ports-arsenaux de la marine, ordonnateur au dépt de Toulon.
Paul-Honoré-François-Xavier Méri de la Canorgue, capitaine des vaisseaux du roi, directeur de l'Ecole des élèves de la marine au port de Toulon.
François Simony de Broutières, aide-major de la place.
Joseph-Antoine de Ferry du Clapier, gentilhomme.
Jacques-François de Roquemore, major des vaisseaux du roi.
Jacques-Philippe de Cuers, chevalier de Cogolin, capitaine des vaisseaux du roi.
Jules-François Robineau de Villemont, chevalier de Saint-Louis, commissaire des guerres.
Louis Daniel, commissaire des classes de la marine.
Félix-Magdeleine de Gineste, ancien capitaine de vaisseau, brigadier des armées navales.
Louis-Alexandre-Toulon Isnard de Cancelade, major des vaisseaux du roi.

BRIGNOLES.

La marquise de Castellane, dame de Tunes et de Vaugiers.
Le marquis de Castellane, Sgr de Mazanques (Majastres?).
De Ballon, Sgr de Saint-Julien, conseiller au Parlement.
De Raousset-Vintimille, marquis de Sérillons, conseiller au Parlement.
Du Bourguet, Sgr de Saint-Estève et d'Auriac, conseiller au Parlement.
De Surians, co-Sgr de Brus.
De Mons, Sgr de Pontevès, conseiller au Parlement.
De Lyon de Saint-Ferréol, co-Sgr de Pontevès, conseiller au Parlement.
Le marquis de Sabran, Sgr de Rognatel, et en partie de Pontevès.
De Pontevès-Laforêt, Sgr de Pontevès.
De Bruni, président d'Entrecasteaux, marquis dudit lieu.
La dame de Villeneuve, marquise de Forcalquier, Saint-Anastasie, et Rocbason.
La dame Guitton de Mazargues, dame du lieu de Priges.
Le sieur d'Allard, Sgr de Neoules, conseiller au Parlement.
Le comte du Luc, marquis de Vins.

30 mars 1789.

Esprit-Toussaint de Clapiers, écuyer.
Jean-François-Louis de Gantes, ancien capitaine de vaisseau, brigadier des armées, chevalier de Saint-Louis et de Cincinnatus.

François-Alexandre de Monnier de Châteauvieux, ancien capitaine d'infanterie.
Joseph de Brun de Favas, ancien capitaine d'infanterie, chevalier de Saint-Louis.
Louis-François de Clapiers, écuyer, avocat en la cour.
Jean-Baptiste-Pierre de Paul, écuyer.
Charles-Henri de Bellon de Sainte-Marguerite, chevalier, capitaine de dragons.
Jean-Baptiste Charles de Grisolles, écuyer.
Félix-Jean-Baptiste de Grisolles, lieutenant du génie.
Jean-Charles-André-Gaspard de Beaumont, écuyer.

HYÈRES.

30 mars 1789.

Joseph de Boutiny, écuyer.
Alexandre-Amable de David, chevalier, Sgr de Beauregard, Saint-André, Lavaisse, chevalier de Saint-Louis, colonel d'infanterie.
Louis-François-Raymond de Clapiers de Saint-Tropès, ancien capitaine de vaisseau, chevalier de Saint-Louis.
Alexandre-Auguste de David, chevalier, Sgr de Beauregard, major d'infanterie, chevalier de Saint-Louis.
Louis-François de Gardanne, ancien capitaine d'infanterie, chevalier de Saint-Louis.
François-Victor de Boutiny, chevalier.
De Bastide.

PRINCIPAUTÉ D'ORANGE.

Procès-verbal de l'Assemblée générale des trois ordres de la principauté d'Orange.

27 mars 1789.

(Archiv. imp., B. III 99, p. 80, 86-91 127.)

NOBLESSE.

Joseph-François Joannis, marquis de Verclos, seigneur du fief de Verclos.
La dame Marie-Magdeleine-Pauline de Villeneuve, comtesse du Saint-Empire, dame de Martignan.
François-Ursule, comte de Fraigne, chevalier, ancien intendant de la marine.
La dame Charlotte-Elisabeth de Reymond, veuve de François-Elzéar-Louis de Bourgarel, chevalier, seigneur de Martignan.
Joseph-Joachim-Basile de Régis, marquis de Billioty, seigneur de Beauregard, chevalier de Saint-Lazare.
Hercule-Paul Catherine, marquis de Fortia, seigneur de Lampourdier et de la Montagne du Prince.
Louis de Bonfils, chevalier.
François-Régis-Camille de Serres de Saunier, marquis de Gras, baron de Violès, seigneur de la Baume.
François-Raymond de Joannis.
La dame Françoise-Charlotte-Gabrielle de Fortia Montréal de Pol, duchesse de Gadaigne, dame du fief d'Usson.
Joseph-Sébastien de l'Eglise, chevalier, ancien lieutenant colonel d'infanterie, chevalier de Saint-Louis.
Antoine-Lucien-Nicolas de Nalis, seigneur du fief de l'Estang.
Philippe de Sausin, seigneur de la Boutillerie, de la Tour de Serres et Malgrach.

Louis-François-Xavier, comte d'Alleman, seigneur du fief de Château-neuf de Redortier.
Daymard d'Argensol.
André Légier, conseiller du roi, trésorier de France, et général des finances en la généralité de Provence, seigneur de Malijay et de Montfort.
Jacques de Vincent, marquis de Causans et du bourg de Jonquières.
De Sainte-Croix.
Gaspard-Marie de Maulges de Guyon de Marcel, chevalier, marquis de Crochans.
Louis-Jean-Baptiste de Laval de Saint-Martin.
Jean-Charles de Sausin, citoyen de cette ville.
Jean-Honoré de Drevon, citoyen de cette ville.
Le chevalier d'Aymard, citoyen de cette ville.
Christophe-Louis de Sausin, citoyen de cette ville.
Louis de Laval, citoyen de cette ville.
Jean-Gabriel Deydier, citoyen de cette ville.
Servais de Laval, citoyen de cette ville.
Louis-Raymond de Joannis, propriétaire du domaine d'Usson.
Louis-Augustin de Brousset, ancien conseiller à la cour des comptes de Provence, officier au régiment de Boufflers-dragons.
Honoré de Redonnet, seigneur du fief de Maucail.
Jean-François de Bonfils, chevalier, ancien capitaine d'infanterie, chevalier de Saint-Louis, viguier pour le roi à Orange.
Le marquis de Conceyl.
Le marquis de Blocard.

LISTE DES DÉPUTÉS DES TROIS ORDRES

AUX ÉTATS GÉNÉRAUX DE 1789.

AIX.

L'Archevêque d'Aix (Jean-de-Dieu-Raymond de Boisgelin).
Cousin, curé de Cucuron.

D'André, conseiller en parlement (*).
De Clapiers.

Le comte de Mirabeau.
Bouche, avocat en parlement.
Audier Massillon, lieutenant général en la sénéchaussée.
De Pochet, ancien assesseur et procureur du pays de Provence.

Suppléants.

Verdet, avocat.
Philibert de Saint-Julien.

ARLES.

L'Archevêque d'Arles (Jean-Marie Dulau.)
L'abbé Royer, Conseiller d'Etat.

De Provançal, marquis de Fontchateau.
Le marquis de Guilhem Clermont-Lodève.

Pélissier, docteur en médecine.
Durand de Maillane, avocat.
Boulouvard, négociant d'Arles.

DRAGUIGNAN, GRASSE ET CASTELLANE.

Mougins de Roquefort, curé de Grasse.
Gardiol, curé de Callian.

(*) Il est qualifié *marquis* d'André sur la liste des députés de la minorité de la Noblesse qui se réunirent à l'Assemblée nationale (V. le *Point du jour, journal de l'Assemblée nationale*. t. I. 60.126). C'était le père du sénateur de ce nom, mort à Paris, en janvier 1860.

Le vicomte de Broves de Rafelis, colonel d'infanterie.
Le comte de Lassigny de Juigné.

Lombard de Taradeau, lieutenant général du bailliage.
Mougins de Roquefort, maire et premier consul de la ville de Grasse.
Verdolin, avocat.
Sieyes de la Baume, propriétaire.

FORCALQUIER, SISTERON ET DIGNE.

Rolland, curé du Caire.
Gassendi, prieur curé de Barras.

De Burle, lieutenant général de Sisteron.
D'Eymar.

Latil, avocat, maire et premier consul de Sisteron.
Bouche, fils, avocat.
Sollier, avocat.
Mevolhon, avocat.

Suppléants.

Champsaud, curé de Digne.
Desmarcs, de Bignosc.
De Rufin, de Manosque.
Teissier, de Sisteron.

MARSEILLE.

L'abbé de Villeneuve-Bargemont, chantre, comte, chanoine de Saint-Victor de Marseille.
L'abbé Davin, chanoine de l'Eglise collégiale et paroissiale de Saint-Martin.
Le marquis de Cipières, chevalier de Saint-Louis.
De Sinety, chevalier de Saint-Louis (*).

(*) André-Louis-Esprit de Sinety avait été élevé aux pages de la grande écurie; il était, en 1789, ancien major du régiment royal Navarre cavalerie. Le *Procès-verbal des séances de la chambre de l'ordre de la Noblesse aux États-Généraux*, p. 23, lui donne le titre de *comte*, à l'appel de son nom parmi ceux des députés dont les pouvoirs sont vérifiés.
C'est pour son oncle, André de Sinety, sous-gouverneur des enfants de France, que la terre de Lurcy-Lévis en Bourbonnais et en Berry, avait été érigée en marquisat par lettres patentes données à Versailles au mois d'août 1770, enregistrées au Parlement de Paris, le 15 juin 1771.

Roussier, négociant.
Lejeans, négociant.
Delabat, négociant.
Castelanet, suppléant admis pour remplacer M. Liquier, mort à Versailles, le 13 juin 1789.

Suppléant.

Peloux.

ORANGE.

L'Évêque d'Orange.

Le marquis de Causans.

Dumas, avocat au parlement.
Bouvier, procureur du roi à la justice royale de la principauté d'Orange, et professeur en droit civil.

Suppléants.

Poule, prévot du chapitre.
De Conseil.
Besson, avocat à Orange.
Falque, bourgeois à Jonquières.

TOULON.

Rigouard, curé de Solliès-la-Fallède
Montjallard, curé de Barjols.

Le marquis de la Poype-Vertrieux, chef d'escadre.
De Vialis, maréchal de camp, directeur des fortifications.

Meifrun, consul de Toulon.
Féraud, avocat et consul de Brignoles.
Jaume, d'Hyères.
Ricard de Séalt, avocat.

Suppléants.

Dauphin, curé d'Entrecasteaux.
Millet, officier du génie.
Honoré Granet, négociant à Toulon.

GOUVERNEMENT MILITAIRE DE PROVENCE.

Le maréchal prince de Beauveau, lieutenant général, gouverneur.
Le comte de Caraman, commandant en chef.
Le marquis de Miran, commandant en second.

Lieutenants généraux.

Le duc de Brancas-Céroste.
Le marquis de Pilles.
Le marquis de Causans.

Lieutenants des maréchaux de France.

Le baron Hippolyte de Laugier, à Digne.
Le baron de Bros, à Valensolle.
De Bournissac, à Aix.
De Laurans, à Aix.
Deydier de Pierrefeu, à Toulon.
Le vicomte Barton de Monthas, à Hyères.
Le baron d'Armand, à Marseille.
Le comte de Passebon, à Marseille.
Le baron d'Imbert, à Marseille.
Le comte de Chatillon, à Aubagne.
Le comte de Saint-Léger, à Avignon et Brignolles.
Le marquis de Castellane, à Manosque.
Le marquis de Sabran, à Riez.
De Vignes, père et fils, à Arles.
De Chabert, à Arles.
Le comte de Caire du Lauset, à la Ciotat.
Le chevalier de la Baume, à Grasse.
Le marquis de Lombard, à Grasse.
Pélissier Desgranges, à Apt.
De Camaret, à Apt.
De Paul, à Saint-Maximin.

Gouvernements particuliers.

Marseille.............	Le marquis de Pilles, gouverneur, viguier commandant.
	Le comte de Pilles, adjoint.
	Le comte de Fortia de Pilles, en second.
Citadelle de Marseille..	Le comte de Montazet, gouverneur.
	De Marengo, adjoint.
	De la Roque, major.
	Marion, aide-major.

Fort Saint-Jean.......	De Cherisey, gouverneur.
	De Calvet, lieutenant de roi.
	Chevalier de Beausset, major.
Château d'If..........	Le comte de Scey, gouverneur.
	D'Alègre, major.
Toulon	Le comte de Custine, gouverneur.
	La Rivière de Coincy, commandant.
	Durand, major.
La Malgue............	Pomme, aide-major.
Grosse-Tour...........	Chev. de Montespin, major commandant.
Saint-Tropez..........	Du Bouchet, major commandant.
Tour-de-Bouc....	Giry de la Roque, aide-major.
Porquerolles...........	Dalayer de Costemore, major commandant.
Portecros.............	De Savournin, major commandant.
Iles Sainte-Marguerite.	Le marquis de Castellane, gouverneur.
	Le marquis de Castellane fils, en survivance.
	De Robaux, lieutenant de roi.
	De Montgrand, major.
Antibes...............	Le marquis de Janson, gouverneur.
	Le marquis de Cugnac, lieutenant de roi.
	Sanglier de la Noblaye, major.
Fort-Quarré..........	De Bouchard, aide-major.
Entrevaux............	De Mandols de la Pallu, commandant.
Seyne	De Marty, aide-major, commandant.
Colmar...............	Doriac, commandant.
Barcelonnette..........	De Rignac, commandant.
Sisteron	Le comte de Choiseul-Beaupré, gouverneur.
	Le comte de Courcenay, lieutenant de roi.

PARLEMENT DE PROVENCE.

Présidents.

1748. De Glené de la Tour, chevalier, premier et intendant.
1746. De Fauris de St-Vincent.
1748. De Thomassin de Peynier.
1756. De Bruny d'Entrecasteaux.
1767. D'Albert St-Hippolyte.
1768. D'Arbaud de Jouques.
1776. D'Arlatan de Lauris.
    De Cabre.
1777. De Bruny de la Tour-d'Aygues.
1782. D'Albert St-Hippolyte.
1782. De Fauris de Noyers de Saint-Vincent, en survivance.

Honoraires.

1733. De Bruny d'Entrecasteaux.
1742. De Thomassin-Peynier.

— 29 —

Conseillers d'honneur.

L'archevêque d'Aix, premier conseiller ; et les évêques de la province.

Conseillers.

1729. De Barrigue de Montvallon.
1735. De Ballon.
1737. De Meyronnet St-Marc.
1743. De Pazery de Thorame.
1748. De Cymon de Beauval.
De Villeneuve de Mons.
De Gras.
De Franc.
Du Pignet-Guelton.
De Benault de Lubières.
Isoart de Chenerilles.
1752. De Souchon d'Espreaux.
1756. De Ravel d'Escrottes.
1758. De Méry La Canorgue.
De Payan de St-Martin.
1759. D'Arnaud de Vitrolles.
D'Estienne du Bourguet.
De la Boulie.
De Cadenet de Charleval.
De Robineau de Beaulieu.
1760. Du Queylar.
1765. De Bouchet de Faucon.
De Raousset de Seillons.
De Nicolay.
De Meyronnet de St-Marc.
Le Blanc de Castillon, fils.
De Périer.

De Bonnet de la Beaume.
De Fabry Borilly.
De Boyer-Fonscolombe.
De Ramatuelle (d'Audibert).
1770. D'Esmivy de Moissac.
1775. De Gautier du Poët.
De Pazery de Thorame.
D'Allard de Neoulles.
1776. D'Alpheran de Bussan.
D'Espagnet.
De L'Isle-Grandville.
1778. De Franc.
D'Estienne de St-Estève.
De Garidel.
De Barrigue Fontainieu.
De Bonnet La Beaume, cl.
De Lyon St-Ferréol.
1779. D'André de Bellevue.
De Boisson Lasalle.
1781. De L'Ordonné.
D'Hermitte-Maillane.
1783. De Fortis.
1783. De Colla de Pradine.
D'Arquier.
Bernardy de Valernes.
1784. De Dons de Pierrefeu.
1787. De Demandolx.

Gens du roi.

1775. De Maurel de Calissane, avocat général.
1776. Le Blanc de Castillon, procureur général.
1775. D'Eymar de Montmeyan, avocat général.
1787. De Cymon de Beauval, avocat général.
1787. Estrangin, substitut.
17.. De Regina, greffier en chef.

Chancellerie.

Pin.   Siméon.   Servan.   Berage.   Baldy.

COUR DES COMPTES, AIDES ET FINANCES.

Présidents.

1775. D'Albertas, chev. premier.
1765. D'Albert.
1768. De Coriolis.
1771. De Mazenod, fils.
1781. De Duranti de la Calade.
De Boyer d'Eguilles.

Conseillers.

1730. De Bonaud de Gattus.
1733. De Menc.
De Fulconis.
1736. De Mayol St-Simon.
1738. De Riants.
1755. De Martini.
1757. De Gaillard d'Agoult.
De Colla de Pradines.
1764. De Moreau.
Gravier de Pontevès.
1766. Pélissier de Chantereine.
1767. Surléon de Gautier.
1768. De Duranti fils.
1770. Marius de Bec.
1771. De Segond de Sederon.
De Fresse de Monval.
De Coriolis.
1772. De Bonaud de St-Pons.
1780. De Menc, fils.
De Moriès.
De Bougerel de Fontienne.

De Callamand de Consonoves.
De Julien, fils.
1781. De Michel, fils.
De Miollis, fils.
De Bonnaud de St-Pons.
De Philip.
De Pélissier de Roquefure.
Philippe de Peyras.
D'Arnaud.
De Merendol.
De Jaubert de St-Pons.
1782. De Solliers.
De Calvy de St-André.
1784. Tyrse de Pochet.
1785. D'Anglesy de Desorgues.
1787. De Portaly de Martiali.
De Barnoin d'Antonelle.
De Laget de Bardelin.
De Gaye du Bourguet.
1788. De Gaudemar.
1789. De Pin.

Gens du Roi.

1767. D'Autheman, avocat général.
1781. De Saquy de Sannes, procureur général.
1782. De Rémuzat, avocat général.

Greffiers en chefs.

1748. Frégier.   1762. Bœuf.   1781. Ailhaud.

Substituts.

1753. Turrel.   1772. Paquet.

Secrétaires du roi en la cour.

Luce de Seillans.   Roubeaud.

Secrétaires du roi en la Chancellerie.

Rouxeau de la Ménardière.	Guichard.	Rey.	Maugue.
Maille.	Anselme.	Bisseul.	Dalmas.
Girard.	Beaumont.	Etienne.	Crozet.
Boncenol.	Avalo.	Desloges.	Le Cerf.
Court.	Suyduval.	Rolland.	Martel.
	Chardon.	Bouyer.	

GÉNÉRALITÉ D'AIX.

1775. M. des Gallois, marquis de Saint-Aubin, vicomte de Glené, Sgr de la Tour, Chazelles, Dampierre, etc., premier président au Parlement de Provence, et maître des requêtes honoraires, intendant.
M. Serré, trésorier général de France, secrétaire de l'Intendance.

BUREAU DES FINANCES.

1739. De Mestre d'Eygalades, premier président.
1746. D'Astier, président.
1748. De Barnoin, président.
1752. De Berne de Bourrhoumieuves, doyen.

Honoraires.

1736. Le Chantre.	De Renaud de Fonsbelle.
1737. Brignol.	1742. De Ribbe.
De Magniol.	1746. De Roubaud.

Officiers.

1752. De Pagi.	1775. De Brouillony de Montferrat.
1758. Du Bousquet de Saint-Barthélemy.	1777. De Grandin de Salignac.
	De Léon.
1759. De Castel.	De Ribbe.
1764. De Brun d'Aubignosc.	1778. De Taillas.
1765. De Serré.	1779. D'Ulme.
1767. De Légier.	De Borrelly.
1768. De Nans d'Ampus.	1782. De Magniol.
1770. De Rostolan.	De Sauvaire.
De Giraud de Cuers.	1783. De Barthélemy.

Parquet.

1755. Benoit, avocat du roi.
1766. De la Tour, procureur du roi.
De Bonnet, avocat du roi.
1780. De Faure de Vercors, procureur du roi.
1759. Imbert, greffier en chef.

CHAPITRE NOBLE DE SAINT-VICTOR

A MARSEILLE.

Les preuves nobles étaient de six degrés-paternels, formant ensemble cent cinquante ans. Les dignitaires avaient tous le titre de comte.

Louis-François-Camille de Lorraine de Lambesc, abbé.
Charles de Sade, abbé d'Issoudun, prévôt.
Barthélemy-Joseph de Villeneuve-Bargemont, chantre.
Lazare-Victor de Jarente de la Bruyère, abbé d'Ainay, ancien trésorier honoraire.
Antoine-Gaspard d'Arbaud de Chateauvieux, trésorier.
Louis-Joseph de Laugier de Beaucouse.
Balthasar de Sabran.
Jacques-Louis-Auguste de Thomassin de Peinier, abbé d'Aiguebelle.
François-Joseph de Damian, prévôt de Pignan.
Joseph de Glandevès.
Jean Antoine d'Hostager.
Claude-François-Romée de Villeneuve-Tourette vice-général de Nevers.
N... Pontevès-Bargème (Bargence?).
Jean-Paul de Villeneuve-Saint-Auban.
Augustin de Fabre de Mazan.
Paul-Ambroise de Barras de Vallecriche.
Melchior de Forbin-la-Barben.
Guillaume-Charles de Raousset-Seilhon.
N... de Clapiers-Colongue.
N... de Clapiers.

Chanoines, comtes honoraires.

Louis-Jérôme de Suffren de Saint-Tropez, évêque de Sisteron.
Emmanuel-François de Beausset de Roquefort, évêque de Fréjus.
Jean-Baptiste de Belloy, évêque de Marseille.

Places nobles amovibles.

De Thomas de Gignac.	De Bernardi de Sigoyer.
De Pontevèz-Gien.	De Barras-Mellan.
De Suffren.	De Villeneuve-Esclapon.

(WAROQUIER. — *État général de la France*, 1789. p. 380.

Paris. — Imp. de Lubuisson et Ce, rue Coq-Héron.

www.ingramcontent.com/pod-product-compliance
Lightning Source LLC
Chambersburg PA
CBHW060728050426
42451CB00010B/1674